CATALOGUE

D'UNE

INTÉRESSANTE COLLECTION DE

COSTUMES MILITAIRES

DES ARMÉES EUROPÉENNES

ARMÉES ANGLAISE, AUTRICHIENNE, BADOISE
BAVAROISE, BELGE, DANOISE
ESPAGNOLE, FRANÇAISE, HANOVRIENNE, HOLLANDAISE
ITALIENNE, PORTUGAISE, PRUSSIENNE, RUSSE
SAXONNE, SUÉDOISE
TURQUE, WURTEMBERGEOISE, ETC.

PARIS

CH. PORQUET, LIBRAIRE
1, QUAI VOLTAIRE, 1

1891

CATALOGUE

INTÉRESSANTE COLLECTION DE

COSTUMES MILITAIRES

DES ARMÉES EUROPÉENNES

LA VENTE AURA LIEU

Les Mercredi 3 et Jeudi 4 Juin 1891

A DEUX HEURES PRÉCISES

HOTEL DES COMMISSAIRES PRISEURS, RUE DROUOT, 5

Salle n° 5, au premier

Par le Ministère de M° **MAURICE DELESTRE**, Commissaire-Priseur

27, RUE DROUOT

Assisté de **M. Ch. PORQUET**, libraire, quai Voltaire, 1

ORDRE DES VACATIONS

		Numéros.
PREMIÈRE VACATION. — *Mercredi 3 Juin*		261 à 273
—	—	139 à 260
DEUXIÈME VACATION. — *Jeudi 4 Juin*		135 à 138
—	—	1 à 134

CONDITIONS DE LA VENTE

La vente se fait au comptant.

Les acquéreurs payeront 5 pour 100 en sus des enchères, applicables aux frais.

Les livres devront être collationnés sur place dans les vingt-quatre heures de l'adjudication. Passé ce délai, ou une fois sortis de la salle de vente, ils ne seront repris pour aucune cause.

M. Ch. PORQUET remplira les commissions des personnes qui ne pourraient assister à la vente.

CATALOGUE

D'UNE

INTÉRESSANTE COLLECTION DE

COSTUMES MILITAIRES

DES ARMÉES EUROPÉENNES

ARMÉES ANGLAISE, AUTRICHIENNE, BADOISE
BAVAROISE, BELGE, DANOISE
ESPAGNOLE, FRANÇAISE, HANOVRIENNE, HOLLANDAISE
ITALIENNE, PORTUGAISE, PRUSSIENNE, RUSSE
SAXONNE, SUÉDOISE
TURQUE, WURTEMBERGEOISE, ETC.

PARIS

CH. PORQUET, LIBRAIRE

1, QUAI VOLTAIRE, 1

1891

CATALOGUE

D'UNE

INTÉRESSANTE COLLECTION

DE

COSTUMES MILITAIRES

DES

ARMÉES EUROPÉENNES

ANGLETERRE

1. **Die Schlacht** von Bunker-Hill (Bátaille de Bunker-Hill). Hauteur, 600 millim.; largeur, 760 millim. — Die Seeschlacht (Bataille
navale). Hauteur, 430 millim.; largeur, 510 millim.

   2 gravures par Nordheim et Dobler, d'après les tableaux de Trumbull et de
West.

2. **Troupes** anglaises, 1800-1815. *Paris, chez Jean, Martinet*, etc.

   13 planches en noir et en couleur.

3. **Costume** of the Army of the British Empire, according to the
last regulations, 1814, designed by an officer on the staff. (Charles
Hamilton Smith). *London, Colnaghi*, 1815. Pet. in-fol., dem. rel.
mar. ch. rouge.

   Très bel ouvrage composé d'un frontispice, titre, dédicace et 60 planches
gravées et coloriées. Hauteur des figures : 150 millim.

4. **Victories** of the duke of Wellington, from drawings, by R. Westall. *London, Rodwell*, 1819, in-4, cart. non rogné.

   12 planches gravées et imprimées en couleur.

5. **Épisodes** de la campagne de 1815.

   16 gravures anglaises en couleur. Largeur, 190 millim.; hauteur, 110 millim.
Nombreuses figures.

6. **British** military costume, 1824.

> 6 planches en couleur dess. par Heath. Très jolie suite comprenant environ 60 figures de 80 millim. de hauteur.

7. **Military** duties occurencies, etc., etc. By W. Heath, 1824, in-4 obl. en feuilles.

> Titre et 10 planches coloriées. 41 petits sujets. Nombreuses figures.

8. **Tableau général** de l'armée royale britannique (1re section), dess. par Opitz; gr. par Hilscher. *Dresde, Louis de Kleist*, 1841.

> Grande planche coloriée de 670 millim. de largeur sur 460 millim. de hauteur. Nombreuses figures représentant les différents corps de l'armée. Titre en allemand et en français.

9. **The Clans,** from sketches, by R. R. Mc Ian, with descriptive lettrepress by James Logan. *London, William Bosley*, 1843, pet. in-fol. cart.

> Couverture illustrée et 3 planches lithographiées et coloriées.

10. 1st **Life Guards.** — Royal Horse Guards, 2 planches coloriées dess. par Martens, gr. par Harris. Largeur, 330 millim.; hauteur, 240 millim. — Bombay Lancers Officer, dess. par Martens, gr. par Harris. 1 planche coloriée. Hauteur, 240 mill.

> Ensemble, 3 pièces.

11. **Troupes** anglaises.

> 20 feuilles noires et coloriées. Nombreuses figures.

12. **Troupes** anglaises, 1844-1855. 16 planches coloriées, tirées de la Galerie militaire. *Paris, Dero-Becker*, in-4 en feuilles.

13. **Types** of officers of the english cavalry. *London, Ackermann*, 1849-1853, in-4, cart.

> 13 planches coloriées, dess. par Martens, gr. par Harris. Hauteur, 153 millim.; largeur, 113 millim.

14. **The funeral** procession of Arthur Duke of Wellington. *London*, 1852, pet. in-8, obl. allongé, cart.

> 56 planches lithographiées et coloriées. Ce cortège funèbre, composé de députations de tous les régiments de l'armée anglaise et des représentants des grands corps de l'État, mesure plus de 20 mètres de longueur.

15. **Costumes** of the British Army and Navy. *London, published by E. Gambart and C^o, 1854-1855, printed by M. and N. Hanhart*, pet. in-8.

> 48 planches lithographiées et coloriées, dont 14 pour la marine. Hauteur des figures, 130 millim.

16. **Costumes** of the British Army and Militia. *London, published by Gambart and C^o, 1855-1856, printed by M. and N. Hanhart*, pet. in-8.

> 59 planches lithographiées et coloriées. Hauteur des figures, 130 millim.

17. **Armée** de terre et de mer, 1856. The Staff. The 100th Regiment, The Royal navy, 3 planches en largeur coloriées, dess. et lith. par Sharpe. 48 figures de 130 à 140 millim. de hauteur. — Military Characteristics : — The Royal Artillery — The Scots fusilier Guards, 2 planches en noir dess. par Sharpe, lith. par Hanhart. *London, Gambart*, 1856.

> Ensemble 5 pièces en feuilles.

18. **Royal** horse Artillery 1855. (Manœuvres d'artillerie à cheval) dess. par Campion. *Londres, Ackermann.*

> 6 planches coloriées. Largeur, 440 millim. Hauteur, 300 millim. Nombreuses figures.

19. **Volunteer** Rifle Corps (Carabiniers volontaires) dess. par Sharpe. *London, Gambart*, 1860.

> 2 planches lithographiées coloriées. Plus de 30 figures. Hauteur, 120 millim.

20. **Sketches** of British Soldiers (Types de soldats anglais), dess. par G. Thomas. *London, Day and Stanford*, 1861-1869, in-fol. en feuilles.

> 6 planches lithographiées et coloriées. Largeur, 470 millim. Hauteur, 330 millim. représentant environ 30 figures à pied ou à cheval, mesurant de 200 à 270 millim.

21. **The British Army,** dess. par Orlando Norie, gr. par Harris. *London, Ackermann*, 1863.

> Grande planche en couleur. Largeur, 730 millim. Hauteur, 400 millim. Environ 25 figures de 150 millim. de hauteur.

22. **The Royal Navy,** dess. par Orlando Norie et Dutton, gr. par Summers. *London, Ackermann*, 1869.

> Grande planche coloriée. Largeur, 470 millim. Hauteur, 410 millim. Très nombreuses figures. On y a joint un cahier contenant, sur 14 feuilles, environ 160 devises de navires de la flotte.

23. **The British Army,** dess. par Orlando Norie, gr. par Hester. *London, Ackermann*, 1879.

> Grande planche en couleur. Largeur, 730 millim. Hauteur, 400 millim. Environ 40 figures de 150 millim. de hauteur.

24. **The indian** contingent (Le contingent indien dans la campagne d'Egypte), dess. par Orlando Norie. *London, Ackermann*, 1882.

> Chromo-lithographie. Largeur, 570 millim. Hauteur, 310 millim. 15 figures à pied ou à cheval, mesurant de 130 à 175 millim.

AUTRICHE

25. **Ziegler** (Anton). Die Geschichte des Militaers der œsterreichischen
Monarchie (Histoire de l'armée autrichienne depuis les temps les
plus reculés jusqu'à présent). *Vienne*, 1852, 2 vol. in-4, demi-rel.
mar. ch. vert, tr. marb.

> Texte et atlas composé de soixante planches lithographiées et coloriées.

26. **Zimburg** (Wilhelm von). Oesterreichische Cavallerie (Cavalerie autrichienne depuis 1600 jusqu'en 1883). *Leipzig, G. Knapp* (1883),
in-4, avec couverture imprimée servant de titre.

> 18 planches lithographiées et coloriées, une figure par planche. Hauteur,
> 150 millim.

27. **Gerasch** (Franz). Das Oesterreichische Heer (L'Armée autrichienne
depuis Ferdinand II jusqu'à François-Joseph, 1620-1850). *Vienne,
Neumann, s. d.* (vers 1850), in-4, dans un carton.

> Recueil complet de 152 planches numérotées, lithographiées et coloriées.
> Hauteur des figures et des groupes, environ 160 millim.

28. **L'Allemand** (Fritz). Die Kaiserlich. Kœniglich. Oesterreichische
Armée im Laufe zweyer Jahrhunderte (L'Armée autrichienne pendant deux siècles). *Vienne, Bermann, s. d.* (vers 1850), in-fol. obl.
demi-rel. mar. brun, non rogné.

> Bel exemplaire complet, contenant titre, table et 40 planches lithographiées
> et coloriées.

29. **Accurate** Vorstellung der Kaiserlich. Königlichen Armeen (Représentation exacte de l'armée impériale royale d'Autriche avec une
courte notice historique de chaque régiment). *Nuremberg, Raspe,*
1779, in-8, demi-rel. v. fauve, tr. jasp.

> 32 pages de texte et 130 planches coloriées. Hauteur, 90 à 105 millim.

30. **Armée** autrichienne, 1760-1813.

> 50 dessins coloriés, copiés dans divers recueils. Hauteur des figures, 140 à
> 160 millim.

1. **Troupes** autrichiennes, 1780-1849.

> 10 planches en couleur par Jacquemin et autres.

32. **Épisodes** de guerre, 1793-1809. Batailles de Neerwinden, 12 et
19 mars 1793. Combats d'Erbach et de Neumarkt, 4 lithographies
publiées à Vienne, par Trentsensky. Largeur, 510 millim. Hauteur,
370 millim. — Bataille de Tolentino, 1815, grav. par Klein et
Mansfeld. Sans marge. Largeur, 640 millim.

33. **Abbildung** der neuen Adjustirung der K. K. Armee, dem Erzherzog Ferdinand Karl zugeeignet von Jos. G. Mansfeld und F. Mollo (Représentation de l'armée impériale royale autrichienne, dédiée à l'archiduc Ferdinand-Charles, par Jos. G. Mansfeld et F. Mollo). *Vienne, F. Mollo, s. d.* (vers 1798), in-fol. demi-rel. mar. ch. vert, tr. jasp.

> Très rare recueil, l'un des plus beaux publiés sur le costume militaire.
> Le volume contient : titre, portrait et 48 planches gravées et coloriées.
> 28 planches représentent deux sujets, 20 planches un sujet seulement. Chaque figure mesure en hauteur environ 220 millim.

34. **Oesterreicher.** Piquet de hussards, 1809. Aquatinte par Ebner, d'après Seele. *Augsburg, Herzberg,* in-fol.

> Pièce coloriée intéressante et rare. Les cinq principales figures mesurent 148 millim. de hauteur.

35. **Exercices** et parades des troupes autrichiennes, 1824. 15 lithographies, par Höchle et Kriehuber. *Vienne, Trentsensky.*

> Ces planches, représentant de très nombreuses figures remarquablement exécutées, mesurent 440 millim. de largeur sur 340 millim. de hauteur. Il manque à cette collection les nᵒˢ 1, 15, 17.

36. **Exercices** et parades des troupes autrichiennes, nᵒˢ 2, 4, 7, 8, 12, 1824. — Oesterreichische Gefechte, nᵒˢ 2 et 6. — Der K.-K. Cabinets courier, nᵒ 2. *Vienne, Trentsensky.* — Ensemble 8 pièces lithographiées, in-fol. en feuilles.

37. **Cavalerie.** 1825. KK. Oesterr. Cuirassiers, dess. par Stubenrauch, grav. par Klein et Erhard. *Vienne, Artaria* (Apell, 123 IV). — KK. Hussaren und Uhlanen auf dem Marsch. 2 lith. par Fachini. *Vienne, Trentsensky,* 6 figures de 320 millim. de hauteur. — Le porte-étendard du 8ᵉ régiment de hussards, 1825, par Hirsch, lith. de 530 millim. de hauteur sur 420 millim. de largeur.

> Ensemble, 4 pièces.

38. **KK. Cavalerie** Exercitien (Exercices de cavalerie), 6 lith. de 600 millim. de largeur sur 430 de hauteur par Höchle. *Vienne, Trentsensky.*

> Plusieurs figures par planche, cuirassiers, hussards ou uhlans. Les principales mesurent environ 300 millim. de hauteur.

39. **Tableau** général de l'armée autrichienne (1ʳᵉ et 2ᵉ sections), 1836, dess. par Opitz; gr. par Hilscher. *Dresde, Louis de Kleist.*

> Deux grandes planches coloriées de 670 millim. de largeur sur 460 millim. de hauteur; avec une multitude de figures représentant les différents corps de l'armée autrichienne. Titre en allemand et en français.

*

40. Oesterreichische Armee (Armée autrichienne). *Vienne, Artaria et Cie*, 1835, in-fol. en feuilles.

> 10 planches, infanterie et cavalerie, 9 sont coloriées. Hauteur des figures, 160 à 180 millim.

41. KK. Oesterr. Armee, 1840 (Armée autrichienne). *Vienne, Trentsensky*.

> 14 lithographies en noir ou en couleur avec plusieurs figures de 160 à 200 millim. de hauteur.
> On y a joint un portrait équestre de François-Joseph Ier, roi de Hongrie.

42. Troupes bourgeoises de Prague et de Lemberg, 1845. 7 dessins originaux coloriés par Ruck.

> 14 figures de 150 millim. de hauteur.

43. Kœnigl. Lomb. Venet. Adelige Leibgarde, 1840 (garde noble du royaume lombardo-vénitien).

> Planche coloriée, hauteur 120 millim., à toute marge.

44. KK. Oesterreichische Armee nach der neuen Adjustirung in 6 Abtheilungen (L'armée autrichienne, publiée en 6 parties, par M. Trentsensky). *Vienne, s. d.* (vers 1845), in-fol., demi-rel. mar. ch. violet.

> Très belle collection complète composée de 91 planches lithographiées et coloriées. 225 figures principales mesurant environ 180 millim. de hauteur.

45. Gerasch (F.). Die Kaiserl. Koenigl. Oesterreichische Armee seit 1849 (L'armée autrichienne depuis l'année 1849). *Vienne, Bermann*, (1849), in-fol. obl., couverture illustrée servant de titre, cart.

> 12 planches coloriées. 65 figures mesurant 160 à 170 millim. de hauteur.

46. Troupes autrichiennes, 1850-1866. 143 planches coloriées. *Vienne, Trentsensky*.

> Chaque feuille contient de 3 à 8 figures, soit à pied, soit à cheval, mesurant de 90 à 120 millim.

47. L'Armée autrichienne, dessinée par C.-A. Pettenkofer. *Vienne, Alois Leykum*, 1851, gr. in-fol. demi-rel. mar. ch. violet, non rogné.

> 32 planches lithographiées et coloriées. Les figures mesurent environ 240 millim.

48. Uniformen der K. K. Oesterreichischen Armee (Les uniformes de l'armée autrichienne, 1853). Six tableaux « Schema », in-4, coloriés, accompagnés d'un tableau imprimé, gr. in-fol. in-plano. *Prag, Carl Belmann, s. d.*; in-4 en feuilles.

49. Adjustirungs Vorschrift für die Generale, Officiere... der Kaiserl. Koenigl. Armee (Règlement pour le costume des généraux, officiers... de l'armée autrichienne). Publication officielle. *Vienne*, 1855, in-4 avec 32 planches lithographiées, pliées, obl.

Recueil rare et important.

50. **Die Freiwilligen** Corps Oesterreich's im Jahre 1859 (Les corps des volontaires autrichiens en 1859). *Vienne, imprimerie de l'État,* 1860, pet. in-fol. broché.

Recueil rare, contenant 48 pages de texte et 18 planches en chromolithographie, représentant 54 figures mesurant 160 millim. de hauteur.

51. **L'Armée autrichienne** en 1859, dessinée et lithographiée par Strassgeschwandter. *Vienne*, 1859, pet. in-8, en feuilles.

75 planches coloriées.

52. **Militaerisches** Prachtbilderbuch (Recueil de figures de l'armée autrichienne). *Vienne, Moritz Perles*, 1865-1866, in-4, obl. cart.

22 planches dessinées par F. Franceschini, lithographiées et coloriées, représentant 168 figures mesurant 150 millim. de hauteur.

53. **Armée autrichienne** vers 1866. Recueil complet de 58 planches, dessinées par Strassgeschwandter, lithographiées et coloriées, in-8, montées in-4.

BADE

54. **Grossherzoglich** Badisches Militair (L'armée du grand-duché de Bade), dessinée d'après nature et lithographiée par Joseph Vœllinger. *Carlsruhe, Velten*, 1824, in-4, cart.

Très rare recueil complet, contenant : Titre, Table et 30 planches coloriées, une seule figure par planche.

BAVIÈRE

55. **Muenchener** Buerger Militair, 1796-1807 (Garde bourgeoise de Munich).

3 dessins originaux, coloriés par Ruck et texte manuscrit. 7 figures de 140 millim. de hauteur.

56. **Uniformen** des Bürgermilitairs in Baiern (Uniformes de la garde bourgeoise en Bavière). *Nuremberg*, 1807, in-4, cart.

Très rare recueil contenant : Titre et 13 planches gravées et coloriées. Les figures mesurent de 140 à 150 millim. de hauteur.

57. **Scènes** de la Guerre du Tyrol, 1809. 7 planches en largeur coloriées dont 3 dess. d'après G. Adam. *Nurnberg, Campe.*

Nombreuses figures.

58. **Kœnigl**. Baiersche National Garde 1810 u. Bürger militair (Garde
nationale et bourgeoise), 4 planches coloriées. *Nurnberg, Campe,* plus
2 planches : Nuremberg et Augsburg.

Nombreuses figures de 90 à 120 millim.

59. **Kœnigliche** Baier'sche Chevaux-Légers, 1822, 2 lithographies par
Heinzmann. *Carlsruhe, Velten.*

Nombreuses figures, épreuves à toutes marges ; largeur, 260 millim.; hauteur,
230 millim.

60. **Bekleidung** und Bewaffnung der Kœn. Bayerischen Armee, im
Jahre 1829 (Armement et équipement de l'armée bavaroise en 1829).
München, Hermann und Barth, grand tableau colorié collé sur toile,
700 millim. de hauteur sur 480 millim. de largeur.

61. **La Cavalerie** Bavaro-Palatine en marche, dess. par G. Kobell, gr.
par Volzheim ; une feuille in-fol. coloriée de 520 millim. de largeur
sur 405 millim. de hauteur.

Nombreuses figures.

62. **Tableau** de l'armée royale de Bavière, 1836. *Dresde, Louis de Kleist.*

Grande planche coloriée de 670 millim. de largeur sur 460 millim. de hauteur.
Nombreuses figures représentant les différents corps de l'armée ; titre en allemand
et en français.

63. **Bayerisches** Heer 1850. 2 planches coloriées. Infanterie, 8 figures.
Stuttgard, Schultz, 1850. Infanterie, cavalerie et artillerie, 4 planches
coloriées, nos 1, 4, 5, 11, dess. par Branca. *Munich, Hommel,* 1875,
15 figures, 1 planche en noir dess. par D. Monten.

Ensemble, 7 pièces.

64. **L'Armée bavaroise,** 7e corps d'armée de la Confédération allemande. *Leipzig, Schrader,* 1860, in-4, couverture imprimée servant de titre, en feuilles.

Texte 16 pages et 9 planches coloriées, 12 figures de 150 millim. de hauteur.
C'est tout ce qui a été publié.

65. **Armée bavaroise,** dessinée et lithographiée par W. Diez. *Munich,
M. Ravizza,* 1864, pet. in-8, en feuilles.

30 Planches coloriées, nombreuses figures de 90 à 110 millim. de hauteur.

BELGIQUE

66. Costumes de l armée belge, 1835-1854. *Paris, Martinet.*

18 Planches coloriées tirées de la Galerie militaire, 42 figures de 70 à 80 millim. de hauteur.

67. Costumes de l'armée belge, dessinés d'après nature par Camille Payen. *Bruxelles, Mayer et Flatau, s. d.* (vers 1860), in-fol. obl. cart.

8 planches lithographiées et coloriées. Nombreuses figures, 170 millim. de hauteur.

68. Uniformes du régiment des Grenadiers, 8 mai 1837 au 8 mai 1887. Une feuille in-fol.

Photogravure. Largeur 460 millim., hauteur 320 millim. Environ 40 figures, celles du premier plan mesurent 100 millim. de hauteur. Reproduction exacte de tous les détails de l'uniforme.

DANEMARK

69. Klaededragter i Kiobenhavn. — Studenter Korpset, 1807. Söe-Officeer Kongelig-Livjager, — Borg infanterie Officier-Politiebetient Schlosswache-Matros. Hauteur des figures, 165 millimètres.

7 planches en couleur, plus une planche Garde bourgeoise, 1859, 3 figures.

70. Tableau de l'armée royale de Danemark. 1835, dess. par Opitz. *Dresde, Louis de Kleist.*

Grande planche coloriée de 670 millim. de largeur, sur 400 mill. de hauteur. Nombreuses figures représentant 18 différents corps de l'armée. Titre en allemand et en français.

71. Den Danske Armee (L'armée danoise). *Copenhague, Chr. Steen,* 1858, in-8, cart.

40 planches lithographiées et coloriées, une figure par planche. Hauteur, 108 millim.

72. Danske Uniformer (Uniformes de l'armée danoise), par Bergh. *Copenhague, s. d.* (1864), 15 planches coloriées, pet. in-8, montées in-4.

37 figures; hauteur, 60 à 80 millim.

ESPAGNE

73. Uniformes de cada Regimiento assi de infanteria como de caval-
leria de España. *S. l.*, 1789, in-12, demi-rel. bas.

Très rare recueil contenant 21 planches pour les régiments d'infanterie et
28 pour les régiments de cavalerie. Les 21 planches d'infanterie représentent les
costumes de 62 régiments. Hauteur des figures : 85 millim.

74. Troupes espagnoles, 1807-1852.

2 planches en couleurs, infanterie 1807. Régiments Zamora et Guadalascara,
12 figures; 1 planche en couleur, artillerie, 1840; 9 planches en couleurs, Galerie
militaire.

75. Coleccion de uniformes del Egercito Español, dedicada al Rey
por Marq^s de Zambrano. *Madrid*, 1830, gr. in-fol. obl. cart.

Recueil rare composé d'un titre et de 20 planches lithographiées, nombreuses
figures. Hauteur, 220 millim.

76. Troupes espagnoles, 1857.

7 dessins originaux, coloriés par Ruck, 13 figures. Hauteur, 108 millim.

FRANCE

77. Moltzheim (A. de). L'Artillerie française, costumes, uniformes,
matériel, depuis le moyen âge jusqu'à nos jours. *Paris, Rothschild*,
1870, in-fol. demi-rel. mar. ch. rouge, tr. jasp.

64 planches en couleur, reproduites d'après les originaux ; nombreuses
figures. Le seul ouvrage complet sur les uniformes de l'artillerie.

78. Costumes militaires français, depuis l'organisation des premières
troupes régulières en 1439 jusqu'en 1814, par A. de Marbot et
D. de Noirmont, avec les tableaux synoptiques de l'infanterie et de
la cavalerie française et des régiments étrangers au service de
France de 1720 à 1789, 12 planches. *Paris, Clément, s. d.*, 3 vol. in-
fol. en feuilles.

Texte, et 462 planches coloriées.

79. Costumes militaires français depuis l'organisation des premières
troupes régulières en 1439 jusqu'en 1789, par A. de Marbot et
Dunoyer de Noirmont. *Paris, Clément, s. d.*

Texte, 80 pages in-fol. et 138 planches coloriées en feuilles.

80. **Histoire** de l'armée française. *Paris*, vers 1850, gr. in-8, demi-rel. mar. ch. violet, tr. marbr.

> Titre et 146 planches dess. par Philippoteaux, gravées sur bois et coloriées.

81. **Atlas** de l'histoire de l'ancienne Infanterie française (par Suzanne). *Paris, Corréard*, 1853, gr. in-8, demi-rel. mar. ch. vert, tr. marb.

> 151 planches gravées sur bois et coloriées.

82. **Costumes** militaires de l'armée française de 1680 à 1854. *Paris, Aubert, s. d.*, in-fol. cart. non rogné.

> 66 planches coloriées dessinées par Ch. Vernier, représentant les costumes des différents régiments depuis Louis XV jusqu'en 1854, 396 figures. Hauteur, 150 millim.

83. **Costumes** militaires français, 1794. *Leipzig, Leo.*

> 3 planches coloriées, 10 figures; hauteur, 120 à 130 millim.
> Très rare.

84. **Franzosen.** Campement de hussards et de chasseurs à cheval. *Augsbourg, Herzberg*, 1800, 1 feuille in-fol.

> Pièce coloriée, très rare, dess. par Seele et gr. par Ebner, représentant 7 figures de 140 millim. de hauteur.

85. **Collection** d'uniformes de 1789 à 1832, par V. Adam. *Paris, Jeannin.*

> 6 planches lithographiées et coloriées, comprenant chacune 15 petits sujets.

86. **Costumes** de l'armée française sous la République, l'Empire et de 1830 à 1840, dess. par V. Adam, 10 feuilles in-fol. en noir et 18 planches in-8, coloriées.

87. **Types** militaires français, dess. à la plume, par Charlet. *Paris, Gihaut frères*, 7 feuilles in-4. — Types militaires français, dess. par Charlet. *Paris, Marchant*, 27 feuilles pet. in-4.

88. **Costumes** de l'armée française de 1792 à 1814, dessinés par F. Bastin. *Paris, Wild*, in-fol.

> 9 planches coloriées; hauteur, 310 millim.; largeur, 240 millim.
> 4 pièces sont rognées au cadre.

89. **Costumes** de l'armée française de 1805 à 1812. Régiments d'infanterie étrangers et régiments de cavalerie, 17 dessins originaux coloriés, 48 figures mesurant 150 millim. de hauteur.

90. **Garde impériale et royale**, 8 planches coloriées, dess. par Henschel à Berlin, en 1806, pet. in-fol. cart.

> Cette suite, d'une extrême rareté et d'une remarquable exécution, représente les types suivants de la garde impériale en tenue de campagne : Gendarm

d'ordonance (*sic*). — Chasseur à cheval — Chasseur grenadier à pied. — Chasseur sappeur (*sic*) à pied. — Grenadier à pied. — Grenadier à cheval. — Canonnier. — Gendarme d'élite.

Les figures à pied mesurent 230 millim. de hauteur.

91. Garde impériale de France. Gravure coloriée dess. par Kolbe, gr. par Meyer. *Berlin, Weiss*, 1807, in-fol.

Cette planche représente onze types de la cavalerie de la Garde, tous à cheval; hauteur, 130 millim. Pièce rare et d'une bonne exécution.

92. Garde impériale de France, dess. par Kolbe, gr. par Meyer. *Berlin, Weiss*, 1807, in-fol.

Cette planche en noir représente onze types de la cavalerie de la Garde, tous à cheval; hauteur, 130 millim. Pièce rare.

93. Costumes militaires des troupes françaises sous l'Empire, 13 planches in-8 coloriées. — Garde Impériale et Royale, publiée à Berlin en 1808, 1 planche. — Chasseurs à cheval, publ. par Martinet, 2 planches. — Grenadier à cheval, dess. par Kolbe, 1 planche. — Carabinier. — Chasseur à cheval. — Dragon. — Infanterie de ligne. — Sapeur, chasseur, etc., 9 planches dess. par Wieland en 1800.

Hauteur des figures, de 140 à 145 millim.

94. Costumes militaires et scènes de guerre en 1812-1813, dess. par Beyer. *Dresde, Friese*, 12 planches en noir : largeur, 150 millim.; hauteur, 100 millim. En feuilles.

95. Costumes militaires et scènes de guerre en 1812-1813, dess. par Beyer. *Dresde, Friese*, 12 planches coloriées : largeur, 150 millim.; hauteur, 100 millim. En feuilles.

96. Costumes militaires de 1808 à 1814, dess. par H. Lecomte. *Paris, Delpech*, 10 planches en couleur et 2 en noir.

97. Cavalerie de l'ex-Garde, 6 planches lithographiées, par Bellangé. La Vedette, du même. *Paris, Engelmann*. Grenadier à cheval, par V. Adam; pièce en couleur, gr. in-fol. Ensemble 7 pièces.

Hauteur, 310 millim. ; largeur, 270 millim.

98. Scènes de la vie de Napoléon, 19 planches en noir et en couleur, publiées en Allemagne.

99. Costumes militaires français. Garde du corps du Roi, 1786. — Chevau-léger de la Garde du Roi. — Officier au régiment de Béarn. — Garde Royale. Grenadier. — Artillerie légère ex-Garde. — Chasseur à cheval ex-Garde. — Capitaine de vaisseau, 7 planches coloriées dess. par H. Lecomte. Grenadier à pied et à cheval. — Officier de dragons. — Officier porte-drapeau. — Fusilier chasseur. — Sapeurmineur ex-Garde 6 planches coloriées d'après Charlet. — 14 planches Garde Impériale dess. par Raffet.

> Ensemble, 27 pièces.

100. Le Retour de l'île d'Elbe. Napoléon et ses généraux, 2 planches gravées par Kininger.

101. Costumes militaires français sous la République et l'Empire, in-8, en feuilles.

> 68 dessins originaux coloriés représentant 140 figures hauteur, 150 millim.

102. Bellangé (Hipp.). Les Soldats de la République française et de l'Empire. *Leipzig, J. Weber*, 1843, gr. in-8, demi-rel. v. brun, tr. jasp.

> 50 planches gravées sur bois et coloriées. Édition allemande.

103. Costumes de l'armée française. Régiments de hussards, 11 planches coloriées in-8, en feuilles.

104. Bellangé (Hippolyte). Illustrations pour l'Histoire de la Garde impériale de Marco de St-Hilaire. *Leipzig, J. Weber*, 1848, gr. in-8, demi-rel. bas. tr. jasp.

> 39 planches gravées sur bois et coloriées. Édition allemande.

105. Troupes françaises, 1814-1816. *A Paris, chez Martinet et chez Genty*, in-8, cart. 49 planches, coloris du temps.

> Bel état de conservation.

106. Napoléon Ier et la Garde impériale. Texte par Fieffé, dessins par Raffet. *Paris, Furne*, 1859, in-4, demi-rel. mar. ch. rouge, tr. dor.

> 20 planches de costumes militaires coloriées.

107. Costumes militaires français dess. par Charlet, parus en 1817-1818.

> 23 planches à la plume, coloris du temps ; à grandes marges.
> Les n°s 3, 15, 16 sont en double (La Combe, 127 et suite).

108. Collection des uniformes français de 1814 à 1824, dess. par E. Lami. *Paris, Lith. de Villain*, pet. in-4, en feuilles.

> 44 planches coloriées à grande marge ; hauteur des figures, de 110 à 125 millim.

109. Collection des uniformes de l'armée française, présentée au Roi par S. E. M. le maréchal duc de Bellune, ministre de la guerre. *Paris, Picquet*, 1823, in-fol. demi-rel. mar. ch. vert.

> Titre, frontispice, table et 27 planches coloriées, dessinées par Ch. Aubry.
> 54 figures ; hauteur, 240 millim.

110. Armée française de 1814 à 1848, 18 planches coloriées dess. par A. Bastin. *Paris, Wild*, in-fol. en feuilles.

> Hauteur des figures, 310 millim. sur 240 millim. de largeur.
> 7 planches rognées au cadre.

111. Costumes militaires de l'armée française, 1824-1828. *Paris, Gihaut frères*, in-4, en feuilles.

37 planches coloriées, dessinées par H. Bellangé; hauteur des figures, 200 millim.

112. Costumes militaires de l'armée française depuis 1830 jusqu'à ce jour (1832). *Paris, Gihaut frères*, in-4, en feuilles, non rognées.

58 planches coloriées dessinées par H. Bellangé.
Cette suite, à part 6 numéros datés de 1831, se compose de planches de l'édition précédente modifiées soit sur pierre, soit au coloris, et dont les titres et les numéros ont été changés.

113. Uniformes français, cavalerie et infanterie. *Paris, Basset*, 1832.

17 planches coloriées, hauteur 140 millim.

114. Uniformes de l'armée et de la marine. *Paris, Hautecœur-Martinet*, 1835-1840, in-4, en feuilles.

116 planches coloriées, dessinées par Lalaisse; hauteur des figures, 170 millim. Manque 16 planches à la collection.

115. L'Armée française en 1842. Types militaires.

42 planches en noir dess. par E. Lami, Pauquet, Penguilly, Jacque, etc., in-8, en feuilles.

116. Tableau de l'armée française, 1re section, la cavalerie; 2° section, l'infanterie, dess. par Bommer. *Dresde, Louis de Kleist*, 1842.

2 grandes planches coloriées; largeur, 670 millim.; hauteur, 460 millim.; nombreuses figures représentant les différents corps de l'armée.
Rare.

117. Troupes françaises, représentées en groupes caractéristiques, dess. par Eckert et Monten, 1844, in-4, en feuilles.

15 planches lithographiées et coloriées; hauteur des figures, 140 millim.; 3 tableaux pour le détail des uniformes de la cavalerie et de l'infanterie. Suite très soignée comme exécution. Titre en allemand et en français.

118. Troupes françaises, 1845-1848, dess. par Lalaisse. *Paris, Hautecœur*, 6 planches coloriées. Vétérans. Écoles. Gendarmerie. Équipages. Garde Nationale, 2 planches.

36 figures; hauteur, 155 millim.

119. L'Armée et la **Marine**, dess. par Maurice. *Paris*, 1854, pet. in-8, en feuilles.

50 planches lithographiées et coloriées. Hauteur des figures, 120 millim.

120. L'Armée française, dess. par F. Bastin. *Paris*, 1854, pet. in-8, en feuilles.

60 planches lithographiées et coloriées. Hauteur des figures, 115 millim.

121. Garde impériale, dess. par Lalaisse. Cuirassiers et chasseurs à pied. *Paris, Hautecœur*, 1854.

2 planches lithographiées et coloriées. Nombreuses figures. Hauteur, 143 millim.

122. Lalaisse. Empire français. L'armée et la garde impériale. *Paris, Martinet*, 1855, in-4, cart.

20 planches lithographiées et coloriées. Hauteur des figures, 140 à 180 millim.

123. Types militaires du troupier français, dessinés et lithographiés, par Lalaisse. *Paris, Morier*, s. d., 1855, in-fol., non rogné.

50 planches coloriées; Hauteur des figures, 200 millim.

124. Les Soldats de la République. L'armée française en campagne, par Draner. *Paris, Bureau de l'Eclipse*, 1871, in-4, cart.

Titre et 31 planches coloriées.

125. Moltzheim (A. de). La nouvelle armée française. Publication autorisée par M. le ministre de la guerre. *Paris, Dusacq et Cie*, s. d. (vers 1876), gr. in-fol., dans un carton.

32 planches coloriées, hauteur des figures, 170 millim.

126. Richard (Jules). En campagne. Deuxième série. Tableaux et dessins de Meissonier, Ed. Detaille, A. de Neuville. *Paris, Boussod, Valadon*, 5 livraisons in-fol., en feuilles.

127. Uniformes de l'armée française. *Leipzig, Ruhl* (vers 1880), pet. in-8, obl. en feuilles.

24 planches lithographiées et coloriées.

128. Armée française. Officiers de cavalerie, Cuirassier, Dragon, Hussard et Garde de Paris.

4 aquarelles par J. Petit, exécutées en 1875, hauteur, 250 millim.

129. L'armée française, dess. par Gostiaux. *Paris, Sinnett*, 1875, in-fol., en feuilles.

8 planches lithographiées et coloriées, 400 millim. de largeur sur 250 millim. de hauteur. Nombreuses figures.

130. Types militaires, dess. par Armand Dumaresq. *Paris, Baschet*, 1886, in-8 en feuilles.

16 figures coloriées; hauteur, 160 millim.

131. Costumes de l'armée française à différentes époques.

60 feuilles coloriées, publiées à Epinal, Metz et Strasbourg.

132. L'Armée et la Garde nationale, de 1815 à 1875, 22 planches coloriées dess. par Raffet, Bastin, Bellangé, Lalaisse, etc.

133. Petites Scènes militaires, dess. par Charlet, H. Vernet, etc., 13 planches en couleur. — Batailles de la République et de l'Empire, 7 planches lithographiées par Bellangé. *Paris, Gihaut frères*, 1833.

134. **Costumes** militaires à différentes époques. — Scènes de la Révolution.

30 planches en noir et en couleurs.

HANOVRE

135. **Costumes** de l'infanterie et de la cavalerie, 1830.

7 planches coloriées dess. par Tackmann, pet. in-fol., en feuilles. Hauteur des figures, 230 millimètres.

136. **Osterwald**. Abbildungen des Koenigl. Hannoverschen Militairs (L'armée du royaume du Hanovre, représentée en groupes caractéristiques, dessinés et lithographiés par G. Osterwald). *Hanovre, Schrader, s. d.* (vers 1830), in-fol., couverture imprimée servant de titre, demi-rel. mar. ch. vert, tr. jasp.

Très rare recueil composé de 24 planches coloriées. Hauteur des figures, 130 à 140 millimètres.

137. **Mentzel** (C.). Koenigl. Hanov. Militair (L'armée du Hanovre dessinée et lithographiée par C. Mentzel). *Hannover*, 1836, in-fol. cart., couverture illustrée servant de titre.

8 planches lithographiées et coloriées. 20 figures. Hauteur, 160 millim. Collection complète fort rare et bien exécutée.

138. **Tableau** de l'armée royale du Hanovre, dess. par Opitz et gr. par Hilscher. *Dresde, Louis de Kleist*, 1840.

Grande planche coloriée de 670 millim. de largeur sur 460 millim. de hauteur; nombreuses figures représentant les corps de l'armée. Titre allemand et français.

HESSE

139. **Beyer** (Carl). Das grossherzoglich Hessische Militair im Laufe zweier Jahrhunderte (L'armée du grand-duché de Hesse pendant deux siècles). *Darmstadt, Kuchler*, 1856, in-fol. obl., cart. avec couverture imprimée.

3 planches lithographiées et coloriées, 13 figures. Hauteur, 160 millim.

140. **Grossherzoglich** Hessisches Militair (L'armée du grand-duché de Hesse). Dessiné d'après nature par F.-H. Müller et lithographié par J. Voellinger. *Carlsruhe, Joh. Velten, s. d.* (vers 1830), in-fol., en feuilles.

Exemplaire complet à toutes marges de cette très rare collection comprenant : titre, dédicace, table et 30 planches coloriées. Hauteur des figures, 220 millim.

141. Tableau des armées de LL. A. S. le Grand-Duc et l'Électeur de Hesse, dess. par Opitz, gr. par Hilscher. *Dresde, Louis de Kleist,* 1840.

Grande planche coloriée de 670 millim. de largeur sur 460 millim. de hauteur. Nombreuses figures représentant les différents corps des deux armées. Titre allemand et français.

142. Armée de la Hesse électorale en 1860. 18 dessins originaux coloriés par A. Ruck.

50 figures. Hauteur, 120 millim.

HOLLANDE

143. Teupken (J.-F.). Beschrijving hœdanig de Koninklijke Nederlandsche Troepen, etc. (Description des troupes du royaume de Hollande). *La Haye et Amsterdam, Van Cleef,* 1823-1826, 2 vol. in-fol., demi-rel. v. brun, tr. jasp.

69 planches gravées et coloriées d'une très belle exécution. Hauteur des figures, 220 millim. Cet ouvrage est le meilleur et le plus complet qui ait été publié sur l'armée hollandaise.

144. Description de l'uniforme des officiers de l'armée hollandaise. 61 planches coloriées, dess. par Magnenat et Leman, avec texte en hollandais, in-4, demi-rel. mar. ch. violet, non rogné.

Hauteur des figures, 140 millim. Le titre manque.

145. Armée hollandaise. 4 planches coloriées tirées de la Galerie militaire. *Paris, Martinet,* 1850, in-4, en feuilles.

ITALIE

146. Galateri di Genola (Pietro). Armata Sarda. Uniformi antichi e moderni. Album dedicato a S. M. il re Carlo Alberto, l'anno 1844, *Torino,* in-fol. obl., en feuilles.

Titre colorié. Table et 33 planches lithographiées et coloriées. Hauteur des figures, de 130 à 150 millim.

147. Tavole storico-pittoresche dell' opera del Barone Al. Zanoli sulla milizia Cisalpino-Italiana, 1797-1812, disegnate dal pittore Roberto Focosi. *Milano, Borroni et Scotti,* 1845, gr. in-4, obl. cart. avec la couverture imprimée servant de titre et de table.

Cinq planches coloriées, représentant l'armée italienne sous la République et l'Empire. Très nombreuses figures.

148. Costumi dell' armata di terra e di mare del regno d'Italia, 1812.

> 54 dessins originaux coloriés par A. Ruck, in-8, cart. Environ 100 figures mesurant de 100 à 130 millim.

149. Truppe piemontesi, 1814.

> 26 planches coloriées. Très belle suite, 29 figures. Hauteur, 140 millim.

150. Uniformi militari dell' armata di S. M. Sarda, pubblicati per cura di Gio. Batt. Maggi. *Torino*, 1844, gr. in-fol. cart. non rogné.

> Titre et 30 planches lithographiées et coloriées. Hauteur des figures, de 220. à 280 millim.

151. Costumes militaires de l'armée sarde, 1848-50. *Turin, Maggi et Paris, Hautecœur frères*, in-4, en feuilles.

> 13 planches coloriées.

152. Costumes militaires de l'armée sarde sous Victor-Emmanuel. *Paris, Sinnett*, in-4, en feuilles.

> 24 planches soigneusement coloriées. Hauteur des figures, 125 millim.

153. La Sardaigne militaire, dessinée et lithographiée par Comba. *Paris, Sinnett*, 1860, pet. in-8 en feuilles.

> 25 planches lithographiées et coloriées. Hauteur des figures, 120 millim.

154. Armata sarda (Armée sarde), 1844, dess. par G. Rostagno. *Turin, Doyen.*

> 2 planches lithographiées et coloriées. Largeur, 800 millim. Hauteur, 500 millim. 60 figures à pied ou à cheval. Hauteur, 150 à 190 millim.

155. Costumes militaires des troupes de Modène, 1850.

> 6 dessins originaux coloriés par Ruck. 13 figures. Hauteur, 130 à 150 millim.

156. Costumes militaires des troupes de la Toscane, 1850.

> 6 dessins originaux coloriés. 11 figures. Hauteur, 150 millim.

157. Troupes papales, 1842.

> 4 planches en couleur, dont 3 tirées de la *Galerie militaire*.

158. Troupes napolitaines, vers 1840.

> 3 planches en couleur, 16 figures.

159. Costumes militaires de l'armée napolitaine, 1850. *Paris, Sinnett*, in-8, en feuilles.

> 25 figures en couleur. Hauteur, 120 millim.

160. Costumes militaires de l'armée napolitaine, dess. par di Lorenzo, lith. par Zezon. *Napoli*, 1854.

> 10 planches coloriées avec plusieurs figures. Hauteur, 220 millim.

161. Uniformi militari italiani al 1° ottobre 1863, pubblicati per cura di Franc. Bisi. *Torino, Maggi* (1863), pet. in-4 obl. cart.

Titre, table et 33 planches lithographiées et coloriées. 113 figures. Hauteur, 120 millim.

162. Esercito italiano. Schizzi militari raccolti e disegnati da Q. Cenni. *Milano, Vallardi* (1880), in-4 obl., couverture illustrée servant de titre.

12 planches coloriées. 75 figures. Hauteur, 150 millim.

MECKLEMBOURG-SCHWERIN

163. Grossherzoglich Mecklenburg-Schwerin'sche und Mecklenburg Strelitz'sche Truppen (Troupes des grands-duchés de Mecklenbourg-Schwerin et Mecklenbourg-Strelitz). *Berlin, L. Sachse et Cⁱᵉ*, 1831, pet. in-fol., avec la couverture imprimée servant de titre.

25 planches lithographiées et coloriées. 50 figures. Hauteur, 160 millim.

MEXIQUE

164. Costumes mexicains, dess. par Linati.

2 planches coloriées : soldat en petite tenue, officier de dragons. Hauteur, 180 millim.

165. Corps des volontaires autrichiens, dess. par Richter, lith. par Gerasch. *Vienne, Neumann*, 1866.

4 planches coloriées. Hauteur, 240 millim. ; largeur, 180 millim. Couverture servant de titre.

PORTUGAL

166. Ordonnance d'octobre 1885 sur l'uniforme des officiers. Texte en portugais in-8, avec 44 planches indiquant le détail et la coupe des différents effets d'uniforme.

PRUSSE

167. Husaren-Regiment, n° 3, 1732-1883. Lithographie coloriée dess. par R. Knoetel. *Berlin, Mittler*, in-fol. avec planche au trait et tableau explicatif. Largeur, 470 millim. ; hauteur, 300 millim.

40 figures. Hauteur, 100 à 130 millim. représentant les divers uniformes portés par le régiment.

168. **Frédéric II** passant une revue. L'empereur Joseph II passant une revue. Deux pièces gravées de 410 millim. de largeur sur 270 millim. de hauteur. — Scènes de la vie de Frédéric, 10 planches lithographiées. *Berlin, Winckelmann*, in-fol., en feuilles.

169. **Les généraux** de Frédéric II. 8 planches lithographiées, dess. par Camphausen, Schulz, etc. *Berlin, Korn*, gr. in-fol., en feuilles.

Les portraits équestres dess. par Camphausen sont surtout remarquables.

170. **Die Soldaten** Friedrisch's des Grossen (Les soldats du grand Frédéric), par E. Lange. *Leipzig, Mendelssohn*, 1853, gr. in-8, cart., tr. dor., 31 figures coloriées, dess. par Adolphe Menzel.

Ouvrage recherché à cause des dessins de Menzel.

171. **Costumes** militaires de l'armée prussienne, 1786. 6 planches lithographiées exécutées par ordre du roi Frédéric-Guillaume III. Infanterie. — Artillerie. — Cavalerie. — Gardes du corps. — Garde à pied. — Bosniaques, 35 figures de 280 à 300 millim. de hauteur.

Cette suite, d'une exécution très soignée, est rare.

172. **Types** militaires sous Frédéric II.

9 gravures coloriées d'après Menzel.

173. **Armée prussienne**, infanterie, 1786.

7 planches in-fol. aquarelles modernes. Ces figures sont très intéressantes au point de vue de l'uniforme, dont les détails sont rendus avec la plus grande exactitude.
Hauteur, 300 millim.

174. **Armée prussienne**. Officiers de cuirassiers et de hussards, 1786.

13 planches in-fol. aquarelles modernes. Ces figures sont très intéressantes au point de vue de l'uniforme, dont les détails sont rendus avec la plus grande exactitude. Hauteur, 300 millim.

175. **Armée prussienne**, infanterie, 1740-1789. 27 planches coloriées. *Potsdam, Horvath*, pet. in-8, en feuilles.

55 figures ; hauteur, 110 millim.

176. **Uniformes** de l'armée prussienne sous le règne de Frédéric-Guillaume III, roi de Prusse. A *Potsdam, chez Horvath*, 1799, in-8, bas. marb.

Recueil de 182 planches gravées, coloriées, rehaussées d'or et d'argent.
Les nᵒˢ 1, 27, 41, 42, 103, 125, 126, 135, 150, 156, 157 manquent ; 286 figures. Hauteur, 105 et 135 millim.

177. **Manœuvres** d'automne de l'armée prussienne, en 1803. 4 gravures en couleur, dess. par Carl Kolbe, gr. par Frick, de 510 millim. de largeur sur 390 millim. de hauteur. *Berlin, Frick*, in-fol., en feuilles.

Très nombreuses figures. Suite fort rare et en superbe état.

178. **Armée prussienne,** infanterie et cavalerie, 1806, dess. par Henschel. *Berlin, Schiavonetti,* 18 pl. gravées et coloriées in-fol. à toutes marges.

> Suite de toute rareté et en parfait état de conservation. Les figures mesurent 230 millim. de hauteur.

179. **Garde** bourgeoise de Berlin, 1806, dess. par Wolf et Jügel. 5 planches in-4 en feuilles.

> 6 figures, hauteur, 190 millim.; suite très rare.

180. **Armée prussienne,** infanterie, 1808-1813.

> 30 planches dessinées à la plume et coloriées; 90 figures mesurant 165 millim. de hauteur.

181. **Armée prussienne,** infanterie et cavalerie, 1808-1814.

> 15 figures mesurant 160 millim. de hauteur. Curieux détails d'uniforme.

182. **Cuirassier** et Uhlan, 1815, 2 gravures coloriées, dess. par C. Vernet, gr. par Debucourt. *Paris, Bance,* in-4.

183. **Armée prussienne,** infanterie et cuirassiers, 1820, dess. par Lieder, gr. par Wachsmann. *Berlin, Wittich,* pet. in-fol. en feuilles.

> 7 planches en couleur et deux en noir avec une figure de 210 millim. de hauteur.

184. **Darstellung** der Kœnigl. Preussischen Cavallerie (Représentation de la cavalerie royale prussienne, dessinée par Lieder et Krüger, et gravée par Jügel). *Berlin, Wittich,* 1821, pet. in-fol. demi-rel. mar. ch. violet.

> Titre manuscrit et 29 planches gravées très bien coloriées, 33 figures; hauteur, 180 millim.

185. **Représentation** de la cavalerie royale prussienne, dess. par Lieder et Krüger, gr. par Jügel. *Berlin, Wittich,* 1821. 24 planches noires et coloriées, pet. in-fol. en feuilles et à toutes marges.

186. **Abbildungen** der Kœnigl. Preussischen Armee (Figures de l'armée prussienne, infanterie et cavalerie). *Berlin, Wittich,* 1823, in-4, cart.

> Titre et 65 planches gravées et coloriées. Très bel exemplaire de ce recueil complet. Les figures mesurent 100 millim.

187. **Infanterie** et Cavalerie, 1830, dess. par Sebbers et gr. par Duhl *Berlin, J. Kuhr.*

> 7 planches coloriées, 8 figures. Hauteur, 250 millim.

188. Tableau de l'armée prussienne, 1835. 1re Section : Infanterie ; 2ª Section : Cavalerie, dess. par Opitz. *Dresde, Louis de Kleist.*

> 2 grandes planches coloriées de 670 millim. de hauteur sur 460 millim. de largeur, nombreuses figures représentant tous les corps de l'armée.
> Rare.

189. Régiment de cuirassiers n° 6. 1835. Porte-étendard et sous-officier, dess. par Krüger. *Berlin, Sachse*, une feuille gr. in-fol., hauteur 470 millim., largeur 380 millim.

190. Régiment de cuirassiers n° 6, 1835. Porte-étendard et sous-officier, dess. par Krüger. *Berlin, Sachse*, une feuille in-fol. coloriée, hauteur, 340 millim. largeur, 270 millim.

191. Das Preussische Heer (L'Armée prussienne, ouvrage dédié au roi Frédéric-Guillaume III). *Berlin, L. Sachse et Cie*, 1836, in-fol. demi-rel. mar. ch. noir, tr. jasp.

> Titre et 72 planches lithographiées et coloriées, 134 figures. Hauteur, 160 millim.
> Exemplaire complet.

192. Das Preussische Heer unter Friedrich Wilhelm IV (L'Armée prussienne sous Frédéric-Guillaume IV). *Berlin, L. Sachse et Cie*, 1843, in-fol. cart.

> Titre et 36 planches lithographiées et coloriées, 112 figures. Hauteur, 160 millim.
> Exemplaire complet.

193. Die Kœnigl. Preussische Armee in der neuen Uniformirung (L'Armée prussienne, etc.). *Berlin, Lithograph. Institu von E. Meyer*, 1845, six feuilles gr. in-fol. coloriées, avec couverture illustrée, servant de titre.

> Hauteur des figures, 150 millim. Collection complète.

194. Cavalerie de la Landwehr. *Berlin, Kretschmer*, 1846, 10 planches coloriées.

> Hauteur des figures, 160 millim.

195. Tableau der Bekleidung, etc. (Tableaux d'équipement de l'armée prussienne). *Berlin, Storch et Kramer, s. d.* (vers 1850), 5 planches coloriées et rehaussées d'or et d'argent, in-fol. cart.

196. Uniformen des Preussischen Heeres (Uniformes de l'armée prussienne) dans ses principales variations jusqu'au temps présent. Dessiné et lithographié par Edmund Rabe. *Berlin, Sachse*, 1850, in-fol. obl., dans un carton.

> Suite très rare de 20 planches coloriées, dont 2 de supplément, dessinées par Ludw. Burger, et publiées en 1885. 186 figures. Hauteur, 150 millim.

197. **Cavalerie** et artillerie à cheval de la Garde, 6 planches dont cinq coloriées dess. par Kaiser. *Berlin, Sachse*, 1852, gr. in-fol., en feuilles.

> Hauteur des figures, 320 millim.

198. **Supplement** zu : Das Preussische Heer unter Friedrich Wilhelm IV. (Supplément : L'Armée prussienne sous Frédéric-Guillaume IV. La Landwehr. Cavalerie). *Berlin, L. Sachse et Cie*, 1854, 6 planches lithographiées coloriées, couverture imprimée servant de titre.

> Hauteur des figures, 130 millim.

199. **Hünten** (Emil). Die Waffengattungen des Preussischen Heeres Corps divers de l'armée prussienne). *Dusseldorf, Arnz et Cie, s. d.* (vers 1855), pet. in-fol. cart. avec couverture servant de titre.

> 8 chromolithographies, 18 figures; hauteur, 110 millim.

200. **Infanterie** et cavalerie, 6 planches gr. in-fol. de 640 millim. de largeur sur 430 millim. de hauteur, dess. par L. Schneider, Nordmann, etc. *Berlin, Duncker*, 1855, en feuilles.

> Les planches représentent : Garde du corps, 2e régiment de cuirassiers, 1er régiment de la garde.
> Régiments de grenadiers, Empereur Alexandre et Empereur François, 2e régiment d'infanterie dans la tenue de l'époque.
> Chaque planche est encadrée de sujets plus petits indiquant les différentes tenues de chaque régiment depuis sa création.
> Cette remarquable publication est complète et en parfait état.

201. **Armée** et marine, dess. par Burger. *Berlin*, 1856, pet. in-8, en feuilles, 47 lithographies coloriées.

> 59 figures. Hauteur, 110 millim.

202. **Die Kœniglich Preussische** Garde Infanterie und Cavalerie (infanterie et cavalerie de la Garde), dess. par Kaiser. *Berlin, Horn*, 1856, 2 lithographies coloriées de 640 millim. de largeur sur 450 millim. de hauteur, en feuilles à toutes marges.

> Nombreuses figures. Hauteur, 130 millim. représentant tous les régiments et tous les grades du corps de la Garde.
> Belle publication.

203. **Schindler** (C.-F.) Militär-Album des Königlich Preussischen Heeres (Album militaire de l'armée prussienne). *Berlin, Carl Glück, s. d.* (vers 1860), gr. in-fol. cart.

> 52 planches lithographiées et coloriées; 94 figures. Hauteur, 220 millim.

204. **Preussens Heer** (Armée prussienne), par Hiltl et Schindler. *Berlin, Meidinger*, 1874, texte 32 pages et 50 planches lithographiées et coloriées, gr. in-fol., dans un carton.

> 102 figures, hauteur, 220 millim. Nouvelle édition indiquant les changements opérés dans les uniformes.

205. **Hammer** (F.-W.) et Anton von Werner. Das Königlich Preussische Heer in seiner gegenwärtigen Uniformirung (L'armée prussienne etc.). *Berlin, Schrœder*, *s. d.* (vers 1865), gr. in-fol. obl., couverture imprimée servant de titre.

Cet ouvrage, l'un des plus exacts sur l'armée prussienne, se compose de 30 planches lithographiées et coloriées; 15 planches, 120 figures. Hauteur, 150 millim. représentant les régiments, les 15 autres donnent le détail complet des uniformes.

206. **Die Cavallerie** Deutschland's (La cavalerie allemande), dess. par Schindler. *Berlin*, 1882 in-4, en feuilles.

24 planches coloriées, 47 figures. Hauteur, 210 millim.

207. **Sellmer** (Carl). Kœnig Wilhelm und sein Heer (Le roi Guillaume et son armée). *Berlin, Fischer*, 1885, in-fol., dans un carton.

20 planches photo-lithographiées. Portraits et groupes.

208. **Armée prussienne,** infanterie et cavalerie, 1886.

10 figures en couleur. Hauteur, 300 millim.

209. **Cavalerie,** 1674-1845.

19 planches en couleur, dess. par Kruger, Elshaltz, etc.

210. **Armée prussienne**, infanterie, cavalerie, scènes militaires, portraits de généraux, etc., 40 planches noires et coloriées.

RUSSIE

211. **Sa Majesté Nicolas I**er, 1837, dess. par Raffet. Lithographie coloriée. *Paris, Gihaut frères.*

Une feuille in-folio.

212. **Entwurf**, etc. (Représentation de l'armée impériale russe). *S. l. n. d.* (vers 1760), in-8, cart.

Très rare recueil complet contenant titre et 16 figures gravées et coloriées. Hauteur, 87 millim.

213. **Cavalerie** impériale russe, troupes irrégulières, grav. par Kolbe et Meyer. *Berlin, Weiss*, 1806.

1 feuille in-folio. Largeur, 440 millim. Hauteur, 260 millim.

214. **Collection** des uniformes de l'armée impériale russe sous Nicolas. *Saint-Pétersbourg*, 1827, 2 vol. in-fol. cart., avec couverture illustrée.

Très rare ouvrage contenant 110 lithographies coloriées dess. par Fedoroff et Beloussoff. 234 figures. Hauteur, 200 millim. Titre en russe et en français.

215. Armée russe, 1830-40. Collection Eckert et Monten.

> 107 lithographies coloriées, 226 figures, 29 schémas. Suite complète très soigneusement exécutée.

216. Tableau de l'armée impériale de toutes les Russies, dess. par Opitz et Hilscher, 1ʳᵒ et 2ᵉ sections. *Dresde, Louis de Kleist*, 1834-1841, 2 grandes planches coloriées : largeur, 670 millim. ; hauteur, 460 millim. En feuilles.

> Nombreuses figures représentant les différents corps de l'armée. Rare.

217. Armée russe. Garde impériale, 1840-1842, dess. par P. Vernet. *Paris et Saint-Pétersbourg, s. d.*, 56 planches lithographiées et coloriées in-fol. dans un carton.

> 107 figures. Hauteur, 180 millim. Cette suite, fort rare aussi complète, est montée sur bristol.

218. Armée russe, 1838-1848. *Saint-Pétersbourg, s. d.* 27 planches lithographiées et coloriées, montées sur bristol, in-fol. dans un carton.

> 85 figures. Hauteur, 160 millim. Chaque planche représente les régiments d'une division d'infanterie ou de cavalerie.

219. Division des cuirassiers de la Garde, 1845. — Milice de terre et de mer et tirailleurs de la famille impériale, 1854. 5 lithographies coloriées, avec plusieurs figures, de 170 à 250 millim. *Saint-Pétersbourg, Daziaro*. En feuilles.

220. Garde impériale, 1ʳᵉ et 2ᵉ divisions de cavalerie légère, 2 planches coloriées, dess. par Charlemagne : largeur, 530 millim. ; hauteur, 360 millim. ; 45 figures. *Paris, Daziaro*, 1850-1854. — Milice et tirailleurs de la famille impériale, 2 planches coloriées, 16 figures : hauteur, 145 millim. *Saint-Pétersbourg, Daziaro*. En feuilles.

221. Troupes russes, 1852-1856.

> 28 planches coloriées, pet. in-8 en feuilles. 60 figures. Hauteur, 110 millim.

222. Armée russe en 1854, par le colonel comte Pajol. *Paris, Lemercier*, in-fol. demi-rel. mar. ch. vert.

> 44 planches lithographiées et coloriées, montées sur bristol ; une planche, étendards de la cavalerie et 4 planches, détails des uniformes de la cavalerie. 76 figures. Hauteur, 200 millim.

223. Armée russe, 1852-1856.

> 35 planches en couleur : 5 tirées de la Galerie militaire, 30 dess. par Bastin. 42 figures. Hauteur, 110 millim.

224. Garde impériale et corps des pages, 1855, dess. par Charlemagne et autres. *Saint-Pétersbourg, Daziaro*.

> 4 planches lithographiées et coloriées, in-fol., en feuilles, 80 figures. Hauteur, 160 millim.

225. Armée russe, 1854-1862, dess. d'après nature par A. Gebens, *Saint-Pétersbourg, au bureau de la Chronique militaire russe, (Darden.)*

46 planches lithographiées, hauteur 550 millim., largeur 660 millim. dont 8 tr.s bien coloriées, gr. in-fol. en feuilles dans un carton. La plus belle et la plus remarquable publication sur le costume militaire. Cette collection renferme plus de 350 figures à pied ou à cheval, état-major, escorte impériale, garde, etc. Toutes les figures sont des portraits ; hauteur 250 à 380 millim.

226. Armée russe, 1857-1863, dess. par Piratsky et Goubarev. *Saint-Petersbourg, Darden.*

8 planches lithographiées et coloriées, gr. in-fol. en feuilles. 75 figures. Hauteur, 150 millim. Chaque planche représente les régiments d'une division d'infanterie ou de cavalerie. Titre en russe.

227. Troupes russes sous Alexandre II.

76 feuilles en noir et en couleur. Très nombreuses figures.

228. Troupes russes, 1800-1880.

24 planches en noir et en couleur, par Schadow, Klein, C. Vernet, etc.

SAXE

229. Armée saxonne, 1764-1832. *Leipzig, Fritzsche,* in-4, obl. en feuilles.

24 planches coloriées, 120 figures. Hauteur, 100 mill.

230. Hauthal (Ferd.). Geschichte der Sæchsischen Armee (Histoire de l'armée saxonne). *Leipzig, J. G. Bach,* 1859, in-fol. demi-rel. mar. ch. vert, tr. jasp.

Texte 172 pages et 60 planches lithographiées et coloriées, 250 figures. Hauteur, 120 millim. — Exemplaire bien complet de cet ouvrage rare.

231. Das Sæchsische Kadettencorps (Le corps des cadets saxons), 1700-1880, dess. par Seifert. *Dresden,* planche lithographiée et coloriée, in-folio.

13 figures. Hauteur, 130 millim.

232. Troupes saxonnes, vers 1780. 4 planches du temps, en couleur, dess. par Probst et Lotter, in-4, en feuilles.

15 figures. Hauteur, 120 millim.

233. Müller (August). Geschichtliche Uebersicht der Schicksale und Veränderungen des Grossherzogl. Sæchsischen Militairs wæhrend der Regierung des Grossherzogs Carl August, 1775-1825 (Histoire des troupes du grand-duché de Saxe-Weimar sous le règne de

Charles-Auguste.) *Weimar*, 1825, in-fol. obl. avec la couverture imprimée servant de titre.

Recueil complet composé de 20 planches lithographiées et coloriées, avec texte historique et descriptif, 66 figures. Hauteur, 150 millim.

234. Troupes saxonnes, 1806. Garde du corps cavalerie. — Chevaux-légers Prince Clément. — Grenadiers de la Garde, officier. — Carabinier à cheval. — Infanterie, officiers et soldats, dess. par Hess. 5 planches in-4 coloriées.

7 figures. Hauteur, 240 millim. Suite très rare, rognée au cadre.

235. Troupes saxonnes, 1810. 14 planches en couleur, dess. par Sauerweid et autres, pet. in-fol., en feuilles.

16 figures. Hauteur, 150 millim.

236. Uniformes de l'armée saxonne nouvellement organisée, 1810. *Leipzig, Industrie Comptoir*, 20 planches en couleur, in-8, cart.

74 figures. Hauteur, 90 millim. Très jolie suite; complète.

237. Tableau de l'armée saxonne, 1re section, dess. par Opitz et gr. par Wimerlich. *Dresde, L. de Kleist*, in-fol.

Grande planche coloriée de 670 millim. de largeur sur 460 millim. de hauteur. Nombreuses figures représentant les différents corps de l'armée. Rare.

238. Kœniglich Saechsische Armee (Armée royale saxonne, dess. d'après nature par F. Schubauer et lithographiée par J. Trentsensky à Vienne). *Leipzig, Pietro del Vecchio, s. d.* (vers 1840), in-fol. obl.

7 belles planches coloriées. 52 figures. Hauteur, 130 millim. Rare.

239. Milices bourgeoises, 1857. 8 planches en couleur. *Dresde, Weber*, in-4 obl.

69 figures. Hauteur, 85 millim.

240. Die Kœnigl. Saechsische Armee in ihrer neuesten Uniformirung (Uniformes de l'armée du royaume de Saxe, dessinés par Auguste Beck). *Dresde, Meinhold* (1867), in-8, cart.

24 planches lithographiées et coloriées. 38 figures. Hauteur, 90 millim.

SUÈDE

241. Troupes suédoises à différentes époques.

8 planches en couleur, 22 figures. Hauteur, 100 à 180 millim.

242. Armée du royaume de Suède, dess. et lithog. par Eckert et Monten. *S. l. n. d.* (*Munich*, vers 1835), in-4, demi-rel. bas. verte, tr. jasp.

40 planches coloriées. Titre en français et en allemand. 76 figures. Hauteur, 120 millim. Suite complète d'une bonne exécution.

243. **Tableau** de l'armée suédoise, dess. par Opitz et gravé par Bommer. *Dresde, Louis de Kleist.*

Grande planche in-fol. coloriée de 650 mill. de largeur sur 480 millim. de hauteur. Nombreuses figures représentant les différents corps de l'armée. Rare.

244. **Eklund** (P.-B.). Svenska Arméns ock flottans nuvarande Uniformer (Les nouveaux uniformes de l'armée et de la marine suédoises). *Stockholm,* 1889, in-fol., en feuilles.

4 planches coloriées, 16 figures. Hauteur, 120 millim. Tout ce qui a été publié.

SUISSE

245. **Costumes** du xvie siècle, 10 planches en noir, gravées d'après Holbein. *Basle, Ch. de Méchel,* 1790.

Hauteur des figures, 160 mill.

246. **Canton** de Glaris, 1792. — Un Soldat, très curieux dessin à la gouache, par Feyerabend. — Un Porte-drapeau, gravure coloriée.

Hauteur, 250 millim.

247. **Cantons** de Bâle, Neufchâtel et Vaud, 1833. 5 planches coloriées, dont 4 de la collection Eckert et Monten.

Nombreuses figures.

248. **Troupes suisses,** 1847-1848. 7 planches coloriées, dess. par Martignoni.

30 figures. Hauteur, 100 à 110 millim.

249. **Schweizerische Armee** in 10 lith. und colorirten Bildern (L'armée suisse, composée de 10 planches lithographiées et coloriées). *Basle, Wolf, s. d.* (vers 1850), in-fol. cart., couverture illustrée servant de titre.

20 figures. Hauteur, 220 millim.

250. **Schweizer** Militair-album (Album militaire suisse, dessiné et lithographié par A. Beck). *Basle, R. Lang, s. d.* (vers 1850), in-4 obl., avec couverture illustrée servant de titre.

12 planches coloriées, 33 figures. Hauteur, 85 millim.

251. **Troupes suisses.**

8 planches en noir et en couleur. Nombreuses figures.

TURQUIE

252. The military costume of Turkey, illustrated by a series of engravings, etc. *London, Mac Lean*, 1818, pet. in-fol., mar. vert, dent., tr. dor.

30 planches gravées et coloriées.

253. Troupes turques, par C. Vernet, V. Adam, etc.

7 planches noires et coloriées.

254. État-Major. — Cavalerie. — Infanterie. 17 feuilles coloriées, dont 4 doubles. *Vienne, Trentsensky*, in-4 obl., en feuilles.

65 figures. Hauteur, 85 millim.

255. Infanterie et cavalerie.

9 feuilles en noir et coloriées. Nombreuses figures.

VILLES LIBRES

256. Troupes de Francfort et de Hambourg à différentes époques.

18 planches en noir et en couleur.

WESTPHALIE

257. Armée de Westphalie, 1810.

25 dessins originaux coloriés, très soigneusement exécutés d'après les documents de l'époque. Hauteur des figures, 180 millim.

WURTEMBERG

258. Abbildungen der Kostüme und Uniformen des Württembergischen Militaers (Figures de l'armée du Wurtemberg depuis la guerre de Trente ans jusqu'à nos jours). *Stuttgart*, 1854, 36 planches lithographiées et coloriées, in-8 obl. avec titre imprimé.

245 figures. Hauteur, 85 millim.

259. **Würtembergisches** Militaer (L'armée du royaume de Wurtemberg, en 1530, 1790, 1809 et 1857). *Stuttgart, F.-G. Schulz*, in-fol. obl.

   4 planches lithographiées et coloriées, 23 figures. Hauteur, 120 millim.

260. **Tableau** de l'armée royale de Wurtemberg, dess. par Opitz. *Dresde, L. de Kleist*, 1836.

   Grande planche coloriée de 670 millim. de largeur sur 500 millim. de hauteur nombreuses figures représentant les différents corps de l'armée.
   Pièce rare.

ARMÉES EUROPÉENNES

261. **Costumes** militaires chez différents peuples, depuis l'antiquité jusqu'à nos jours, 8 planches en chromolithographie, dess. par L. Burger, 56 sujets.

262. **Costumes** militaires du xvie siècle, 35 planches en noir et en couleur, par divers artistes.

263. **Rugendas.** Costumes de cavalerie, 8 planches : hauteur, 242 millim; largeur, 170 millim. Titres en italien. — Rugendas. Combats de Cavalerie, 4 planches de 320 millim. de largeur sur 240 millim. de hauteur, gr. par Vindel. Ensemble, 12 pièces.

   Belles épreuves courtes de marges.

264. **État général** des troupes sur pied, en 1760 et 1761, dans les armées d'Autriche (2 planches), du Danemarc, d'Espagne, des États généraux (Hollande), de France (3 planches), de la Grande-Bretagne, du Hanovre, du Portugal, de Prusse, de Sardaigne, de Suède et de Russie. Gravé par Jacques-André-Frédéric, graveur de la Cour, à Augsbourg. 15 tableaux gravés in-fol., 630 millim. de hauteur sur 230 millim. de largeur, pliés in-8.

   Très curieuse collection complète. Les marques distinctives des troupes sont en or et couleur.

265. **Batailles** de Stockach, de Friedland et de Waterloo.

   3 gravures en couleur, dess. par Rugendas, coloris du temps ; courtes de marge. Largeur, 550 millim. Hauteur, 350 à 380 millim.

266. **Militair Abbildungen** (Costumes militaires dess. en groupes caractériques par Seele et Ebner). *Augsburg, Herzberg*, 1802, in-4 cuir de Russie, tr. marb.

   4 cahiers avec titre imprimé, contenant chacun 5 gravures en couleur. Armées autrichienne, française, prussienne et russe.
   Recueil complet très rare et très curieux.

267. **Épisodes** des campagnes de 1813-1815. L'empereur de Russie et le roi de Prusse passant une revue. Nombreuses figures. Gravure coloriée sans marge. Largeur, 410 millim. sur 270 millim. de hauteur, plus 9 planches coloriées. *Nurnberg, Campe,* in-8, obl. Ensemble 10 pièces.

268. **Militairisches** Zeichenbuch in Kriegsscenen (Scènes de guerre dessinées et gravées à l'eau-forte par Henri Cotta). *Rudolstadt,* 1819, in-8, oblong.

> 24 planches noires, avec couverture imprimée servant de titre et de table. 7 planches sur l'armée française, 5 planches sur l'armée russe, etc.

269. **Porte-drapeaux** de différentes armées vers 1850. *Paris, Sinnett,* 25 planches coloriées, pet. in-8, montées in-4.

270. **Costumes** militaires étrangers. *Paris, Martinet,* 1860, pet. in-8, cart.

> Album de 20 planches lithographiées et coloriées, 32 figures. Hauteur, 105 millim.

271. **Eserciti** Europei, schizzi militari raccolti e disegnati da Q. Cenni. *Milano, Vallardi, s. d.* (vers 1880), in-fol. obl., couverture illustrée servant de titre.

> 18 planches lithographiées et coloriées, 275 figures. Hauteur, 110 à 140 millim.

272. **Armées européennes.** 150 feuilles noires et coloriées. Imagerie allemande.

273. **Armées européennes.** 35 planches, la plupart coloriées.

Paris. — Typ. Georges Chamerot, 19, rue des Saints-Pères. — 27159.

PARIS

TYPOGRAPHIE GEORGES CHAMEROT

19, RUE DES SAINTS-PÈRES, 19